school - məktəp	2
travel - səyəxət	5
transport - transport	8
city - şəhər	10
landscape - tirə-yün	14
restaurant - restoran	17
supermarket - supermarket	20
drinks - eçemleklər	22
food - azıq	23
farm - çeftlek	27
house - yort	31
living room - qunaq bülməse	33
kitchen - aş bülməse	35
bathroom - yuınu bülməse	38
kids room - bala bülməse	42
clothing - kiyem	44
office - ofis	49
economy - iqtisad	51
occupations - hönərlər	53
tools - ələtlər	56
musical instruments - muzıka alətlərе	57
zoo - xaywan baqçası	59
sports - sport törlərе	62
activities - itkenleklər	63
family - ğailə	67
body - tən	68
hospital - xastaxanə	72
emergency - kiçektergesez xəl	76
earth - Cir	77
clock - səğət	79
week - atna	80
year - yıl	81
shapes - şəkellər	83
colors - töslər	84
opposites - qapma-qarşılıqlar	85
numbers - sannar	88
languages - tellər	90
who / what / how - kem / nərsə / niçek	91
where - qayda	92

Impressum
Verlag: BABADADA GmbH, Nedderfeld 112 , 22529 Hamburg
Geschäftsführer / Verlagsleitung: Harald Hof
Druck: Books on Demand GmbH, In de Tarpen 42, 22848 Norderstedt

Imprint
Publisher: BABADADA GmbH, Nedderfeld 112 , 22529 Hamburg, Germany
Managing Director / Publishing direction: Harald Hof
Print: Books on Demand GmbH, In de Tarpen 42, 22848 Norderstedt

school
məktəp

- classroom — sıynıf bülməse
- divide — bülü
- board — taqta
- school yard — məktəp ixatası
- teacher — uqıtuçı
- paper — kəğəz
- write — yazarğa
- pen — qələm
- desk — östəl
- ruler — sızğıç
- book — kitap
- pupil — uquçı

satchel
buqça

pencil case
qələmdan

pencil
qırandaş

pencil sharpener
qələm oçlağıç

rubber
betergeç

drawing pad
rəsem dəftəre

school - məktəp

drawing
rəsem

paintbrush
pumala

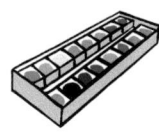
paint box
buyawlar tartması

scissors
qayçı

glue
cilem

exercise book
dəftər

homework
öy eşe

number
san

add
quşu

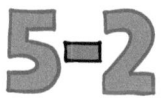
subtract
alu

multiply
tapqırlaw

calculate
isəpləw

letter
xəref

alphabet
əlifba

word
süz

school - məktəp

text
tekst

read
uqırğa

chalk
aqbur

lesson
dərs

register
sıynıf jurnalı

examination
imtixan

certificate
sertifikat

school uniform
məktəp forması

education
məğərif

encyclopedia
ensiklopediyə

university
universitə

microscope
mikroskop

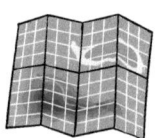
map
xarita

waste-paper basket
çüp qəğəz çiləge

4 school - məktəp

travel
səyəxət

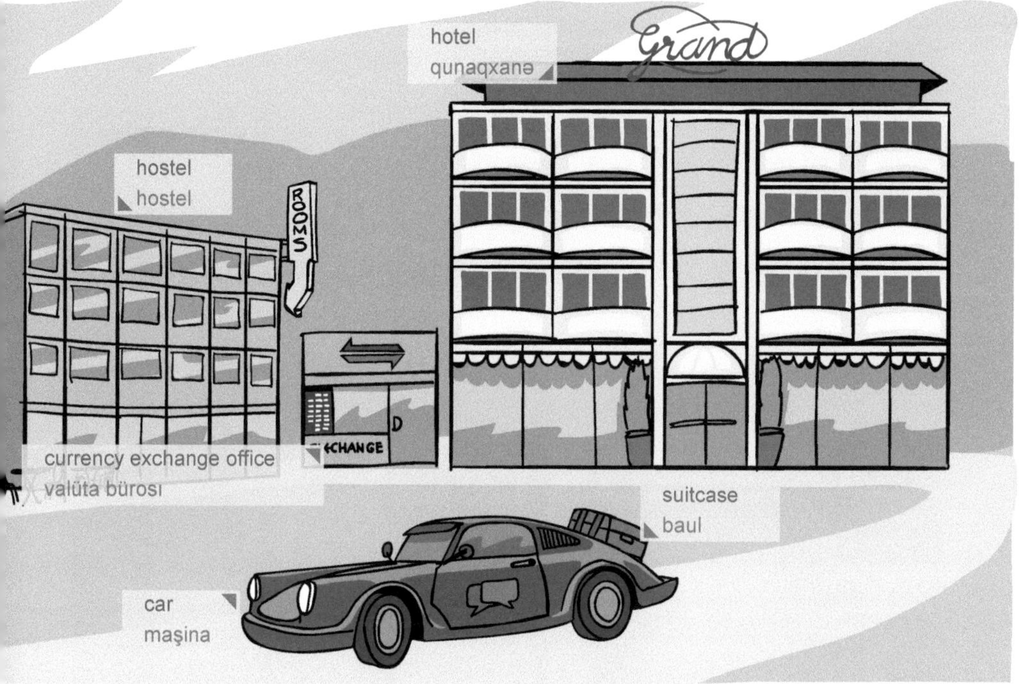

Grand
hotel
qunaqxanə
hostel
hostel
ROOMS
currency exchange office
valüta bürosı
EXCHANGE
suitcase
baul
car
maşina

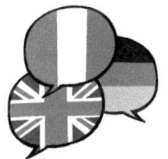

language

tel

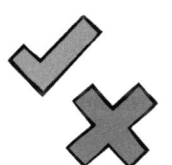

yes / no

əye / yuq

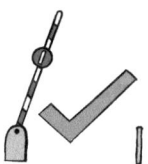

Okay

yarar

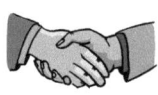

hello

isənmesez

translator

tərceməçe

Thank you

Rəxmət

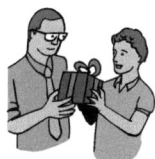

how much is...?
... küpme tora?

I don´t get it
min añlamıym

problem
problem

Good evening!
Xəyerle kiç!

Good morning!
Xəyerle irtə!

Good night!
Tınıç yoqı!

goodbye
saw bulığız

direction
yünəleş

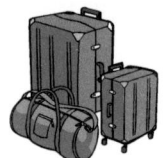
luggage
bagaj

bag
buqça

backpack
biştər

guest
qunaq

room
bülmə

sleeping bag
yoqı qapçığı

tent
çatır

travel - səyəxət

tourist information
turist məğlüməte

beach
qomsal

credit card
kredit kərte

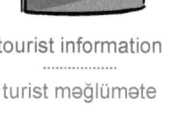
breakfast
irtənge aş

lunch
töşlek

dinner
kiçke aş

Ticket
bilet

elevator
lift

stamp
marka

border
çik

customs
tamğaxanə

embassy
ilçelek

visa
viza

passport
pasport

travel - səyəxət

transport
transport

Illustration labels:
- ship / kərap
- airplane / oçqıç
- fire truck / yangın maşinası
- bus / awtobus
- truck / töyər
- motorboat / motorlı köymə
- car / maşina
- bike / səpid

ferry
boram

boat
köymə

motorbike
motosiklət

police car
polisə maşinası

racing car
uzış maşinası

rental car
kiralıq maşina

transport - transport

car sharing
karşering

tow truck
tartuçı

garbage truck
çüp töyəre

engine
motor

fuel
yağulıq

fuel station
benzinlek

traffic sign
trafik bilgese

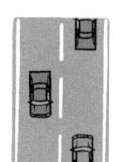
traffic
xərəkət

traffic jam
böke

parking lot
parking

train station
stansa

tracks
rəy

train
trən

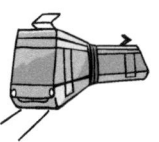
tram
tramway

wagon
vagon

transport - transport

helicopter	airport	tower
boralaq	hawa alanı	manara

passenger	container	carton
yulçı	konteyner	alap

cart	basket	take off / land
yök arbası	səbət	qalqu / töşü

city
şəhər

village	city center	house
awıl	şəhər üzəge	yort

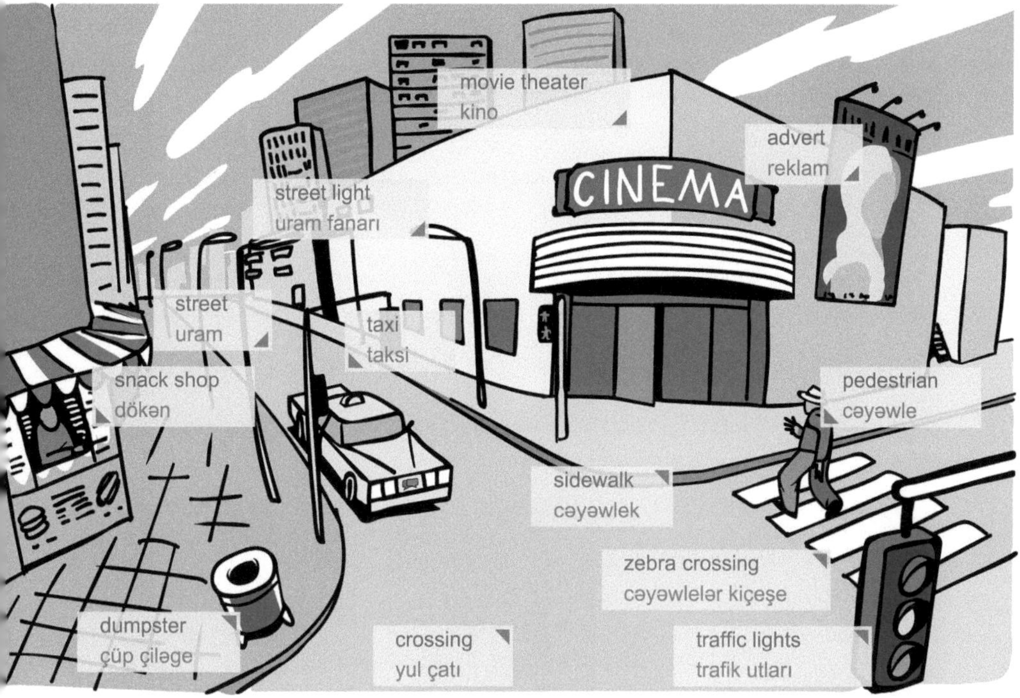

hut
alaçıq

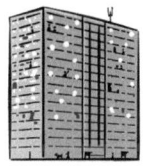

apartment
fatir

train station
stansa

city hall
şəhər xakimiyəte

museum
yədkərxanə

school
məktəp

city - şəhər

university
universitə

bank
bank

hospital
xastaxanə

hotel
qunaqxanə

pharmacy
daruxanə

office
ofis

book shop
kitap kibete

shop
kibet

flower shop
çəçək kibete

supermarket
supermarket

market
bazar

department store
zur kibet

fishmonger's shop
balıq kibete

mall
səwdə üzəge

harbor
liman

city - şəhər

park
park

bench
eskəmiyə

bridge
küper

stairs
basqıç

subway
metro

tunnel
tunnel

bus stop
awtobus tuqtalışı

bar
bar

restaurant
restoran

postbox
yamıl tartması

street sign
uram bilgese

parking meter
parking sanağıçı

zoo
xaywan baqçası

swimming pool
xəwezxanə

mosque
məçet

city - şəhər

farm
çeftlek

pollution
kerlelek

cemetery
zirat

church
çirkəw

playground
uyın alanı

temple
ğibädätxanä

landscape
tirə-yün

- leaf — yafraq
- signpost — yul kürsətkeçe
- path — yul
- meadow — bolın
- stone — taş
- tree — ağaç
- hiker — yöreşçe
- river — yılğa
- grass — ülən
- flower — çəçək

landscape - tirə-yün

valley
üzən

hill
qalqulıq

lake
kül

forest
urman

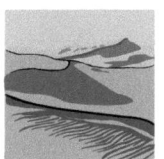

desert
çül

volcano
yanartaw

castle
nığıtma

rainbow
salawat küpere

mushroom
gömbə

palm tree
palma

mosquito
çerki

fly
çeben

ant
qırmısqa

bee
bal qortı

spider
ürməküç

landscape - tirə-yün

beetle
qoñğız

frog
baqa

squirrel
tiyen

hedgehog
kerpe

hare
quyan

owl
yabalaq

bird
qoş

swan
aqqoş

boar
qaban duñğızı

deer
bolan

moose
poşıy

dam
tuan

wind turbine
cir turbinı

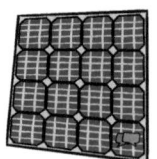
solar panel
qoyaş panele

climate
iqlim

landscape - tirə-yün

restaurant
restoran

- waiter / tabınçı
- menu / saylaq
- chair / urındıq
- soup / aş
- pizza / pitsa
- cutlery / çəneçke-pıçaq taqımı
- tablecloth / aşyawlıq

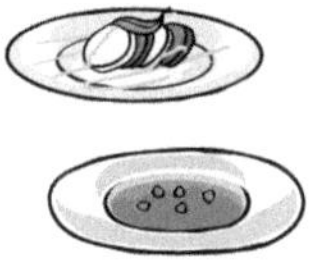

starter — qabımlıq
main course — töp aşamlıq
dessert — tatlı

drinks — eçemleklər
food — azıq
bottle — şeşə

restaurant - restoran 17

fast food — fastfud

street food — uram rizığı

teapot — çəygün

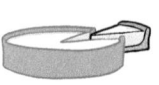

sugar bowl — şikər sawıtı

portion — salım

espresso machine — espresso maşını

high chair — biyek urındıq

bill — xisap

tray — töger

knife — pıçaq

fork — çəneçke

spoon — qaşıq

teaspoon — çəy qaşığı

serviette — tastımal

glass — tustağan

restaurant - restoran

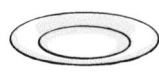

plate
tabaq

soup plate
aş tabağı

saucer
cəypək

sauce
sous

salt shaker
toz sawıtı

pepper mill
borıç tegerməne

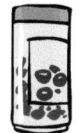

vinegar
serkə

oil
sıyıq may

spices
təmlətkeç

ketchup
ketçup

mustard
xərdəl

mayonnaise
mayonez

supermarket
supermarket

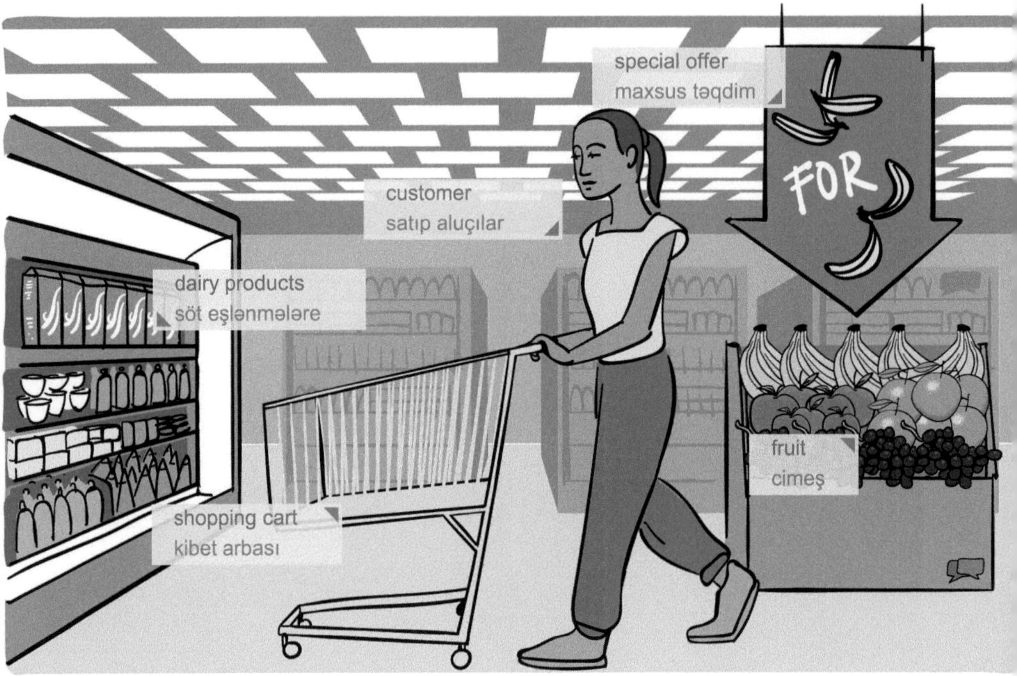

special offer
maxsus təqdim
FOR
customer
satıp aluçılar
dairy products
söt eşlənmələre
fruit
cimeş
shopping cart
kibet arbası

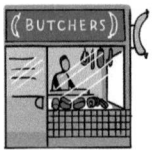

BUTCHERS
butcher's shop

it kibete

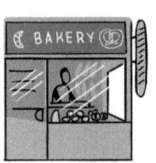

BAKERY
bakery

ikməkxanə

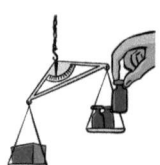

weigh

ülçəw

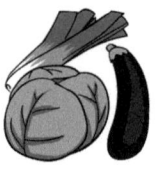

vegetables

yəşelçə

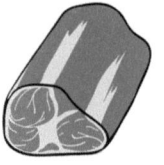

meat

it

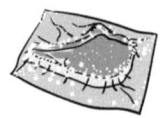

frozen food

tuñdırılğan aşamlıqlar

cold cuts
suıq it

canned food
kənsirləngən aşamlıq

detergent
ker tuzı

candy
şikərləmələr

household products
öy eşlənmələre

cleaning products
təmizlek eşlənmələre

sales representative
satuçı

cash register
yazuçı kassa

cashier
kassir

shopping list
satıp alu isemlege

opening hours
eş waqıtı

wallet
qalta

credit card
kredit kərte

bag
buqça

plastic bag
plastik qapçıq

supermarket - supermarket

drinks
eçemleklər

water
su

juice
sut

milk
söt

coke
kola

wine
şərəb

beer
sıra

alcohol
xəmer

cocoa
kakao

tea
çəy

coffee
qəhwə

espresso
espresso

cappuccino
kapuçino

food
azıq

banana
banan

apple
alma

orange
əflisun

melon
qarbız

lemon
limon

carrot
kişer

garlic
sarımsaq

bamboo
bambu

onion
suğan

mushroom
gömbə

nuts
çikləweklər

noodles
toqmaç

| spaghetti | rice | salad |
| spagetti | döge | salat |

| fries | fried potatoes | pizza |
| çips | qızdırılğan bərəñge | pitsa |

| hamburger | sandwich | escalope |
| hamburger | sandwiç | kətlit |

| ham | salami | sausage |
| ветчина | salami | sosis |

| chicken | roast | fish |
| tawıq ite | qızdırma | balıq |

porridge oats
solı izməse

muesli
müsli

cornflakes
məkkəy keterdege

flour
on

croissant
kruassan

bread roll
ipi tügərəge

bread
ikmək

toast
tost

cookies
kətərməç

butter
may

curd
eremçek

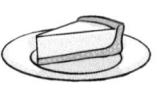

cake
kəyk

egg
yomırqa

fried egg
təbə

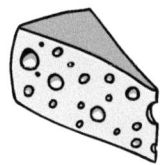

cheese
pəynir

food - azıq

ice cream	sugar	honey
tuñdırma	şikər	bal

jelly	nougat cream	curry
qaynatma	şokolad izməse	karri

food - azıq

farm
çeftlek

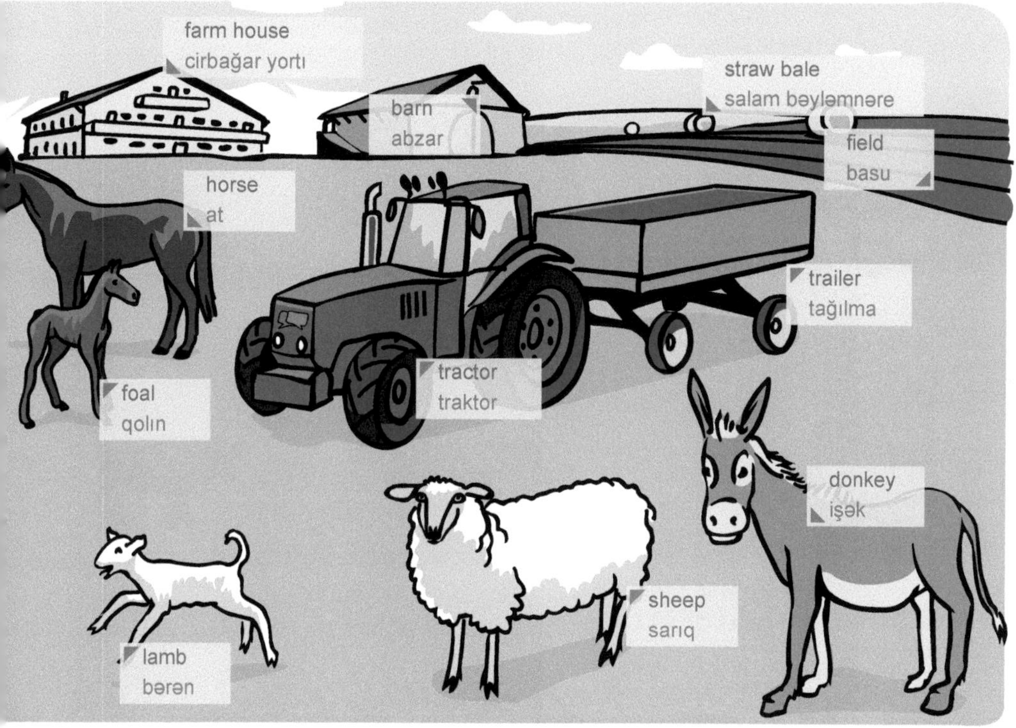

- farm house — cirbağar yortı
- barn — abzar
- straw bale — salam bəyləmnəre
- field — basu
- horse — at
- trailer — tağılma
- foal — qolın
- tractor — traktor
- donkey — işək
- sheep — sarıq
- lamb — bərən

goat
kəcə

cow
sıyır

calf
bozaw

pig
duñğız

piglet
duñğız balası

bull
ügez

farm - çeftlek

goose
qaz

duck
ürdək

chick
çebi

hen
tawıq

cockerel
ətəç

rat
küse

cat
pesi

mouse
tıçqan

ox
eş ügeze

dog
et

dog house
et oyası

garden hose
baqça xortumı

watering can
susipkeç

scythe
çalğı

plow
saban

farm - çeftlek

sickle
uraq

hoe
kitmən

pitchfork
sənək

axe
balta

pushcart
qul arbası

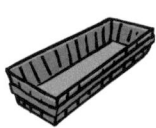

trough
tağaraq

milk can
söt çiləge

sack
qapçıq

fence
qoyma

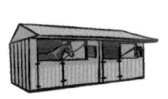

stable
abzar

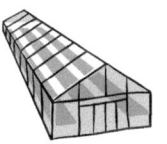

greenhouse
essexanə

soil
tufraq

seed
orlıq

fertilizer
aşlama

combine harvester
kombayn

farm - çeftlek

harvest
uñış cıyarğa

harvest
uñış

yams
yam

wheat
boday

soya
soya

potato
bereñge

corn
mekkey

rapeseed
raps

fruit tree
cimeş ağaçı

manioc
manyok

grain
börtekleler

farm - çeftlek

house
yort

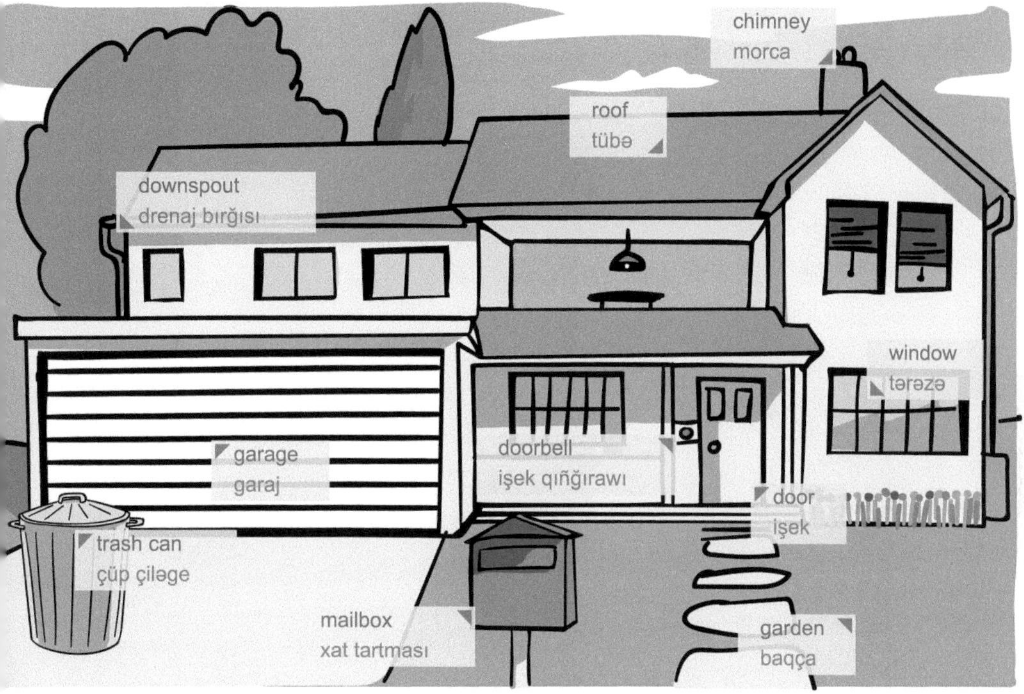

- chimney / morca
- roof / tübə
- downspout / drenaj bırğısı
- window / tərəzə
- garage / garaj
- doorbell / işek qıñğırawı
- door / işek
- trash can / çüp çiləge
- mailbox / xat tartması
- garden / baqça

living room
qunaq bülməse

bathroom
yuınu bülməse

kitchen
aş bülməse

bedroom
yataq bülməse

kids room
bala bülməse

dining room
aş bülməse

house - yort

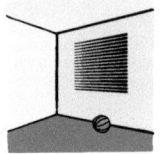 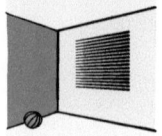 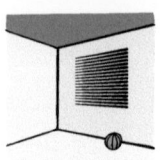

floor	wall	ceiling
idän	diwar	tüşəm

cellar	sauna	balcony
tülə	sawna	balkon

 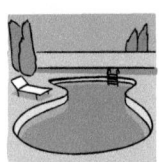 

terrace	pool	lawn mower
teras	xəwez	çirəmçapqıç

  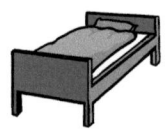

sheet	bedspread	bed
cəymə	yataq yapması	yataq

broom	bucket	switch
seberke	çilək	özgeç

house - yort

living room
qunaq bülməse

- wallpaper — diwar kəğəze
- picture — rəsem
- lamp — lampa
- shelf — kiştə
- cabinet — dulap
- fireplace — çual
- television — televiziyə
- flower — çəçək
- cushion — mendər
- vase — nəlbək
- sofa — diwan
- remote control — yıraqtan boyırma

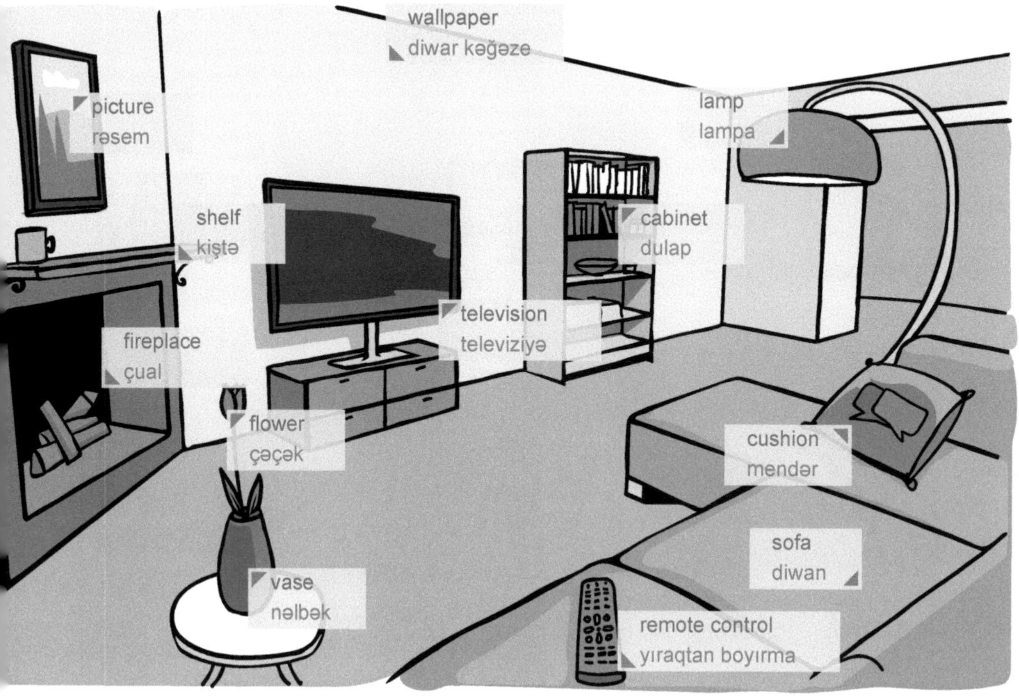

carpet
keləm

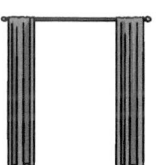

drape
pərdə

table
östəl

chair
urındıq

rocking chair
tirbəlmə urındıq

armchair
kənəfi

living room - qunaq bülməse

book	blanket	decoration
kitap	yapma	dekor

firewood	film	stereo system
utın	film	hi-fi

key	newspaper	painting
açqıç	gəcit	sürət

poster	radio	notebook
poster	radio	quyın dəftərə

vacuum cleaner	cactus	candle
tuzansuırğıç	kaktus	şəm

living room - qunaq bülməse

kitchen
aş bülməse

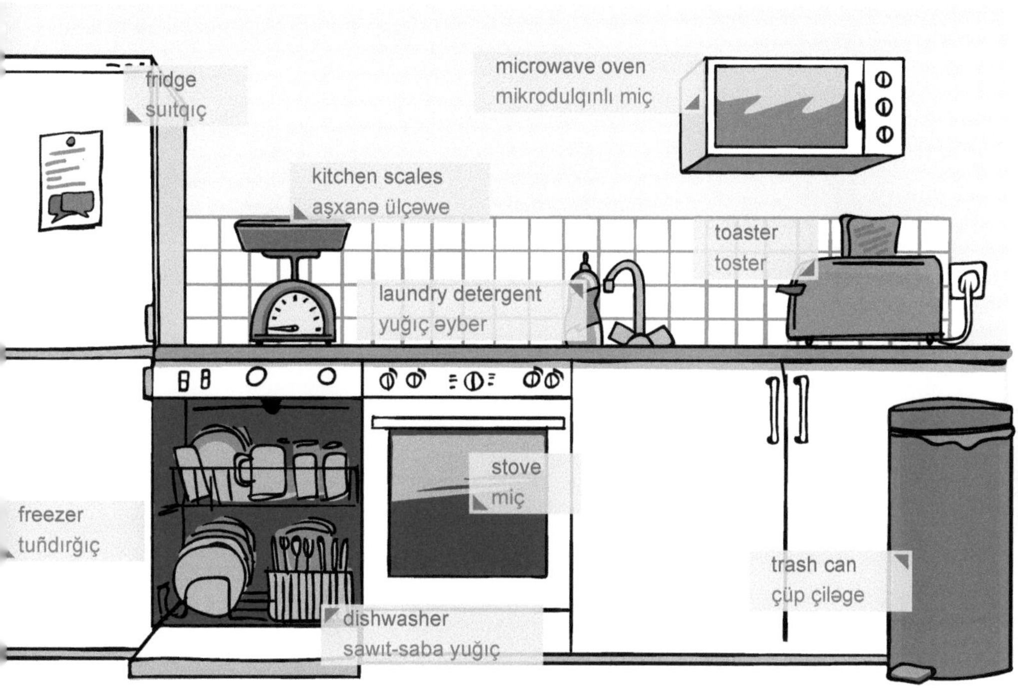

- fridge / suitqıç
- microwave oven / mikrodulqınlı miç
- kitchen scales / aşxanə ülçəwe
- toaster / toster
- laundry detergent / yuğıç əyber
- freezer / tuñdırğıç
- stove / miç
- trash can / çüp çiləge
- dishwasher / sawıt-saba yuğıç

cooker
əwsək

pot
sağan

cast-iron pot
çuyın sağan

wok / kadai
wok

pan
taba

kettle
çəygün

kitchen - aş bülməse

steamer
bulı peşergeç

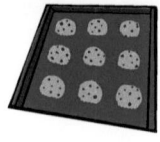
baking tray
qalay

crockery
sawıt-saba

mug
təgəç

bowl
kəsə

chopsticks
aşaw tayaqçıqları

ladle
ucaw

spatula
spatula

whisk
tuğlağıç

strainer
sözgeç

sieve
ilək

grater
qırğıç

mortar
kile

barbecue
barbekü

fireplace
açıq uçaq

kitchen - aş bülməse

chopping board
taqta

rolling pin
uqlaw

corkscrew
böke suırğıç

can
metal tartma

can opener
kənsir açqıç

oven cloth
miç biyələye

sink
kirşən

brush
fırça

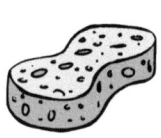
sponge
bolıt

blender
blender

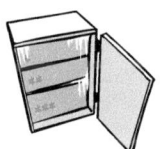
deep freezer
tirən tuñdırğıç

baby bottle
imezlekle şeşə

tap
çömək

kitchen - aş bülməse

bathroom
yuınu bülməse

- heating / cılıtu
- shower / duş
- towel / sölge
- shower curtain / duş pərdəse
- bubble bath / kübekle vanna
- bathtub / vanna
- glass / tustağan
- washing machine / ker yuğıç
- tap / çömək
- tiles / fayans
- potty / lazemlek
- sink / kirşən

toilet
bədrəf

squat toilet
törekçə bədrəf

bidet
bide

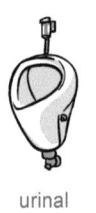

urinal
pissuar

toilet paper
bədrəf kəğəze

toilet brush
bədrəf fırçası

 toothbrush teş fırçası	 toothpaste teş məğcüne	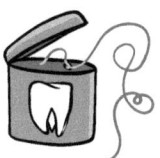 dental floss teş cebe
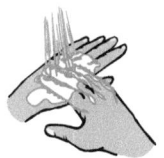 wash yuarğa	 hand shower duş başlığı	 douche duş
 basin kirşən	 back brush arqa fırçası	 soap sabın
 shower gel duş señele	 shampoo şampun	 flannel munçala
 drain ağım	 creme krem	 deodorant dezodorant

bathroom - yuınu bülməse

mirror
közge

hand mirror
qul közgese

razor
östərə

shaving foam
qırınu kübege

aftershave
qırınu losyonı

comb
taraq

brush
fırça

hair-dryer
fön

hairspray
çəç sprəye

makeup
makiyaj

lipstick
iren innege

nail varnish
tırnaq cələse

cotton wool
mamıq

nail scissors
tırnaq qayçısı

perfume
xuşbuy

bathroom - yuınu bülməse

washbag	stool	weighing scales
makiyaj buqçası	utırğıç	ülçəw

bathrobe	rubber gloves	tampon
çoba	rezin iləsə	tampon

sanitary towel	chemical toilet
higiyenik pəd	kimiyəwi bədrəf

bathroom - yuınu bülməse

kids room
bala bülməse

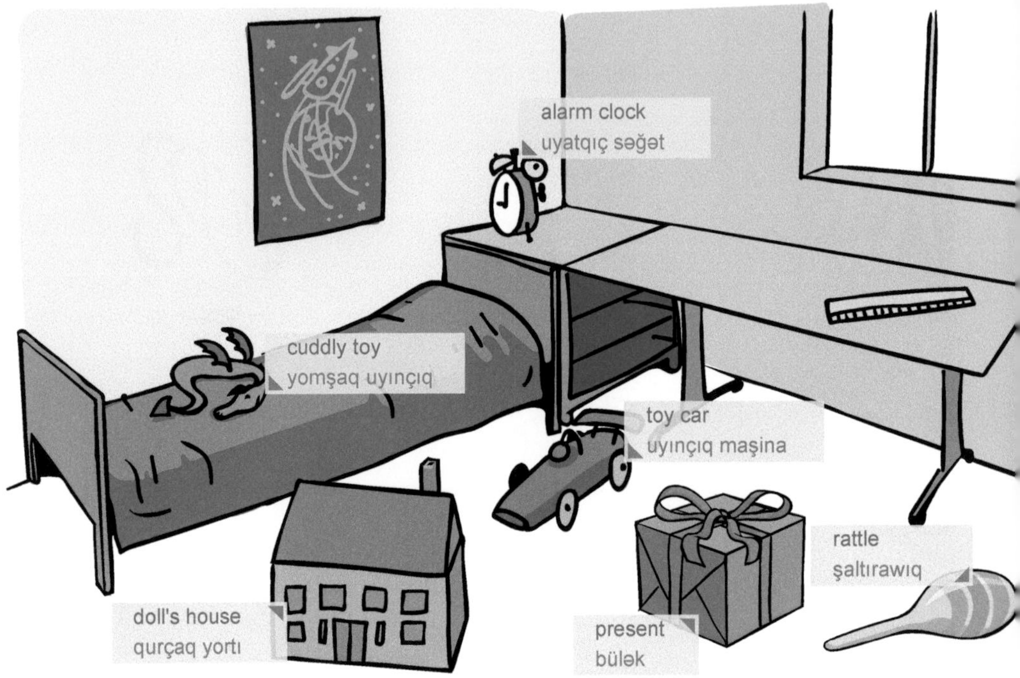

alarm clock
uyatqıç səğət

cuddly toy
yomşaq uyınçıq

toy car
uyınçıq maşina

doll's house
qurçaq yortı

present
bülək

rattle
şaltırawıq

balloon

hawa şarı

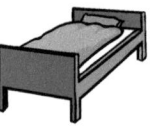

bed

yataq

stroller

bəbi arbası

deck of cards

kərt dəstəse

jigsaw

pazl

comic

komiks

lego bricks

lego kirpeçləre

toy blocks

şaqmaqlar

action figure

uyın sınçığı

romper suit

zıbın

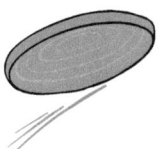

frisbee

frisbi

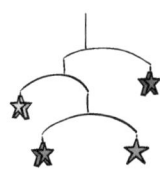

mobile

mobil

board game

östəl uyını

dice

uyın taşı

model train set

trən modele cıyılması

pacifier

imezlek

party

kiçə

picture book

rəsemle kitap

ball

tup

doll

qurçaq

play

uynarğa

kids room - bala bülməse

sandpit
qomlıq

swing
tağan

toys
uyınçıqlar

video game console
uyın quşması

tricycle
öç köpçəkle səpid

teddy bear
uyınçıq ayu

wardrobe
kiyem dulabı

clothing
kiyem

socks
oyıqbaş

stockings
oyıq

tights
oyığıştan

body	pants	jeans
bodi	çalbar	jins

skirt	blouse	shirt
itək	bluz	külmək

pullover	sweater	blazer
sviter	hudi	bleyzer

jacket	coat	raincoat
jaket	bişmət	yañğırlıq

costume	dress	wedding dress
kəçtüm	külmək	tuy külməge

clothing - kiyem

suit	nightgown	pajamas
taqım kiyem	tönge külmək	pijama

sari	headscarf	turban
sari	yawlıq	çalma

burka	kaftan	abaya
burqa	çapan	abaya

swimsuit	trunks	shorts
qoyınu kiyeme	yözü tənbanı	şort

tracksuit	apron	gloves
sport kiyeme	alyapqıç	iləsə

clothing - kiyem

button töymə	glasses küzlek	bracelet beləzek

necklace muyınsa	ring baldaq	earring alqa

cap kəpəç	coat hanger elgeç	hat eşləpə

tie muyınbaw	zip zıncır	helmet oçlam

braces çalbar asması	school uniform məktəp forması	uniform forma

bib
balalar kükrəkçəse

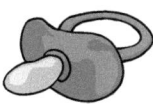
pacifier
imezlek

diaper
küzələ

office
ofis

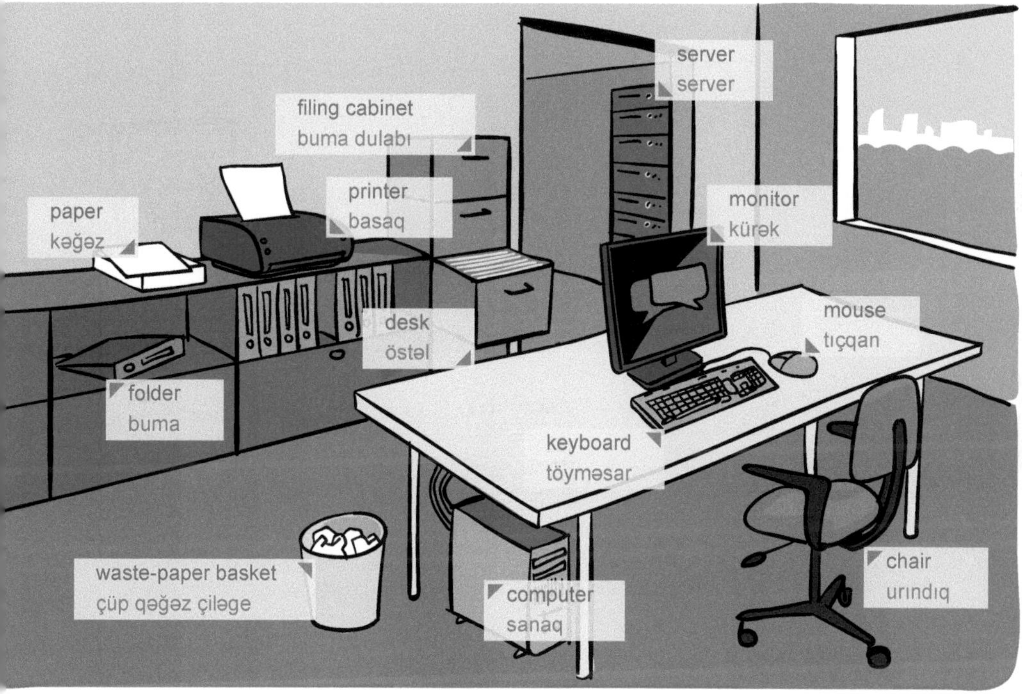

- server / server
- filing cabinet / buma dulabı
- printer / basaq
- monitor / kürək
- paper / kəğəz
- mouse / tıçqan
- desk / östəl
- folder / buma
- keyboard / töyməsar
- waste-paper basket / çüp qəğəz çiləge
- computer / sanaq
- chair / urındıq

coffee mug
qəhwə təgəçe

calculator
sansanar

internet
internet

laptop
leptop

letter
xat

message
xəbər

cell phone
kesə telefonı

network
çeltər

photocopier
fotokopyaçı

software
program təminatı

telephone
telefon

plug socket
ayırğıç

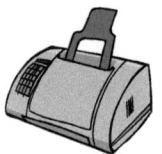
fax machine
faks

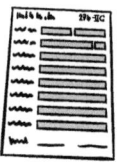
form
form

document
dokument

office - ofis

economy
iqtisad

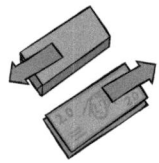
buy
satıp alırğa

pay
tülərgə

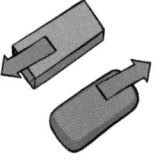
trade
səwdə itərgə

money
aqça

dollar
dollar

euro
euro

yen
yen

rouble
sum

Swiss franc
frank

renminbi yuan
yuan

rupee
rupi

cash point
bankomat

economy - iqtisad

currency exchange office	gold	silver
valüta bürosı	altın	kömeş

oil	energy	price
qaramay	energiyə	bəyə
		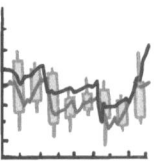
contract	tax	stock
kontrakt	salım	stok

work	employee	employer
eşlərgə	eşçe	eş birüçe

factory	shop	
fabrika	kibet	

economy - iqtisad

occupations
hönərlər

police officer
polisə xezmətkəre

fireman
yanğın sünderüçe

cook
aşçı

doctor
tabib

pilot
oçuçı

gardener
baqçaçı

carpenter
ağaç ostası

seamstress
tegüçe

judge
xökemçe

chemist
kimiyəçe

actor
aktor

occupations - hönərlər

bus driver
awtobus yörtüçe

taxi driver
taksiçe

fisherman
balıqçı

cleaning lady
cıyıştıruçı xatın

roofer
tübə yabuçı

waiter
tabınçı

hunter
awçı

painter
rəssam

baker
ikməkçe

electrician
elektrçı

builder
tözüçe

engineer
möhəndis

butcher
itçe

plumber
çöməkçe

postman
yamılçı

occupations - hönərlər

soldier
ğəskəri

architect
miğmar

cashier
kassir

florist
çəçəkçe

hairdresser
çəçtaraş

conductor
konduktor

mechanic
mekanik

captain
kapitan

dentist
teş tabibı

scientist
ğalim

rabbi
rabbi

imam
imam

monk
kəşiş

pastor
ruxani

occupations - hönərlər

tools
ələtlər

hammer
çükeç

pliers
qarğaborın

screwdriver
şörepborğıç

wrench
İngliz açqıçı

torch
qul fanarı

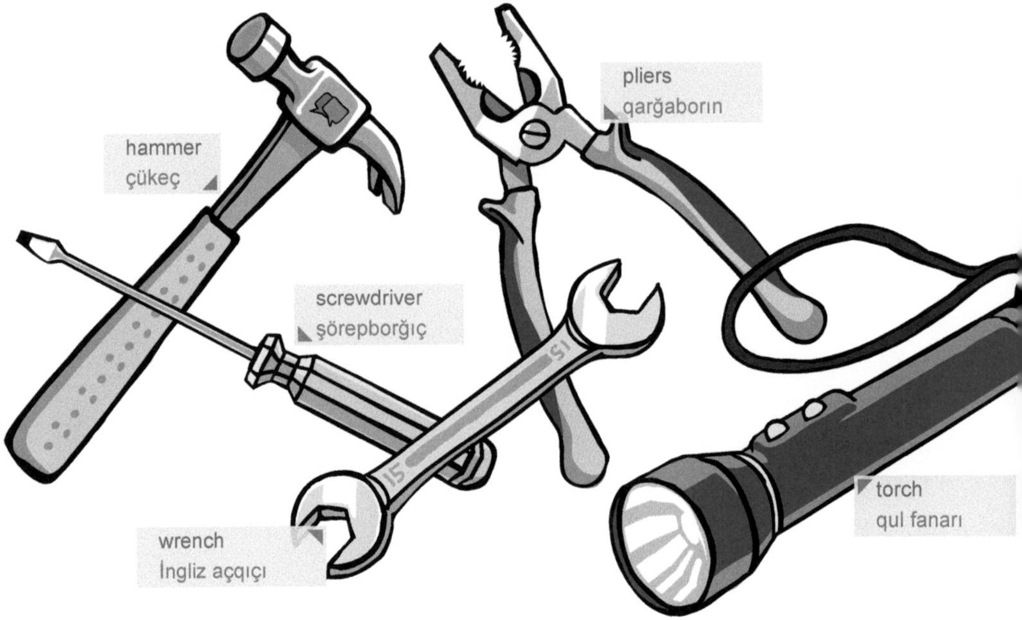

excavator
qazu maşinası

toolbox
ələt buqçası

ladder
basqıç

saw
pıçqı

nails
qadaqlar

drill
dril

repair
tözetergə

shovel
körək

Damn!
Şaytan alğırı!

dustpan
sosqı

paint can
buyaw sawıtı

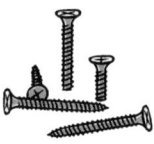
screws
mıqlar

musical instruments
muzıka alətlərе

drum set
dawılbaz taqımı

loud speaker
tawış köçəytkeç

guitar
gitar

double bass
kontrabas

trumpet
bırğı

piano piano	violin kəmən	bass bas gitar

timpani timpani	drums dawılbaz	keyboard töyməsar

saxophone saksofon	flute flüt	microphone mikrofon

musical instruments - muzıka alətlərе

zoo
xaywan baqçası

- entrance / kerü
- tiger / yulbarıs
- cage / çitlek
- zebra / zebra
- animal feed / terlek azığı
- panda / panda

animals
xaywannar

elephant
fil

kangaroo
köngerə

rhino
kərkədən

gorilla
gorilla

bear
ayu

camel
döyə

ostrich
təwə qoşı

lion
arıslan

monkey
maymıl

flamingo
flamingo

parrot
tutıy qoş

polar bear
aq ayu

penguin
pingwin

shark
küpek balığı

peacock
tawis

snake
yılan

crocodile
timsax

zookeeper
xaywan baqçası
xezmətkəre

seal
suete

jaguar
yaguar

pony
poni

leopard
qaplan

hippo
su ayğırı

giraffe
zörəfə

eagle
börket

boar
qaban duñğızı

fish
balıq

turtle
taşbaqa

walrus
morşa

fox
tölke

gazelle
ğəzəl

zoo - xaywan baqçası

sports
sport törləre

activities
itkenleklər

jump — sikerergə
laugh — kölərgə
hug — qoçaqlarğa
walk — yörergə
sing — cırlarğa
dream — xıyallanırğa
pray — ğibədət qılırğa
kiss — übərgə

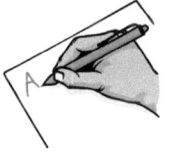

write
yazarğa

draw
rəsem yasarğa

show
kürsətergə

push
etərgə

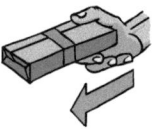

give
birergə

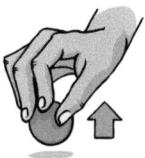

take
alırğa

activities - itkenleklər

have
iyə bulırğa

do
eşlərgə

be
bulırğa

stand
basıp torırğa

run
yögerergə

pull
tartırğa

throw
taşlarğa

fall
yığılırğa

lie
yatarğa

wait
kötərgə

carry
taşırğa

sit
utırırğa

get dressed
kiyenergə

sleep
yoqlarğa

wake up
uyanırğa

activities - itkenleklər

look at
qararğa

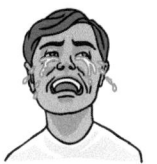

cry
yılarğa

stroke
sıyparğa

comb
tararğa

talk
söyləşergə

understand
añlarğa

ask
sorarğa

listen
tıñlarğa

drink
eçərgə

eat
aşarğa

tidy up
cıyıştırınırğa

love
söyərgə

cook
peşerergä

drive
sörergə

fly
oçarğa

activities - itkenleklər

sail
diñgezgə açılu

calculate
isəpləw

read
uqırğa

learn
öyrənergə

work
eşlərgə

marry
öylənergə

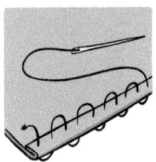
sew
tegərgə

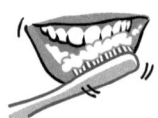
brush teeth
teş fırçalarğa

kill
üterergə

smoke
təməke tartırğa

send
cibərergə

activities - itkenleklər

family
ğailə

grandmother — əbi
grandfather — babay
father — ata
mother — ana
baby — sabıy
daughter — qız
son — ul

guest
qunaq

aunt
apa

uncle
abıy

brother
abıy / ene

sister
apa / señel

family - ğailə

body
tən

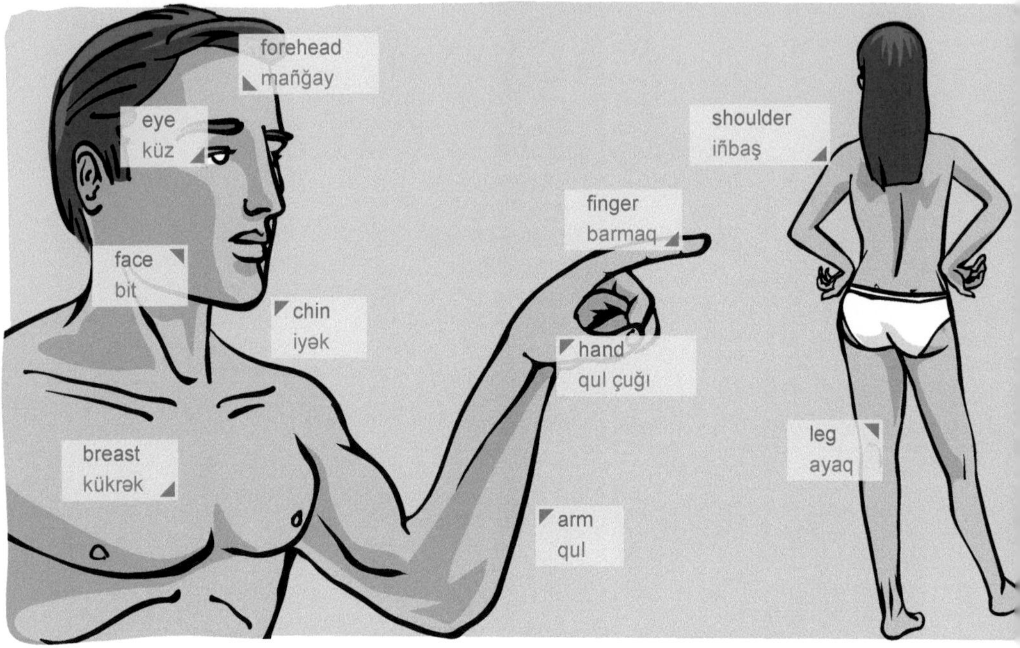

forehead
mañğay

eye
küz

face
bit

chin
iyək

shoulder
iñbaş

finger
barmaq

hand
qul çuğı

breast
kükrək

leg
ayaq

arm
qul

baby
sabıy

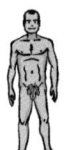

man
ir

woman
xatın

girl
qız

boy
malay

head
baş

68 body - tən

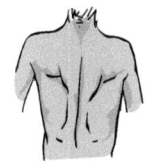

back
arqa

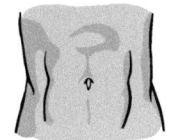

belly
eç

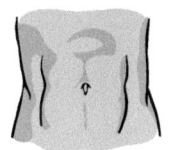

navel
kendek

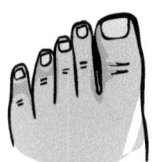

toe
ayaq barmağı

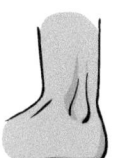

heel
ükçə

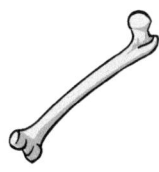

bone
söyək

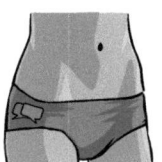

hip
bot

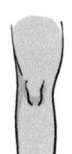

knee
tez

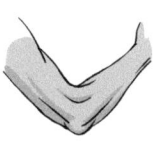

elbow
tersək

nose
borın

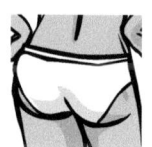

buttocks
art san

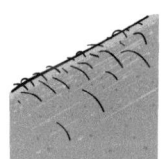

skin
tire

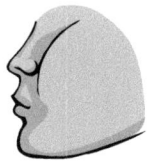

cheek
yañaq

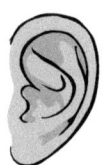

ear
qolaq

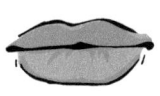

lip
iren

mouth
awız

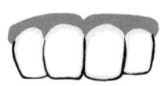

tooth
teş

tongue
tel

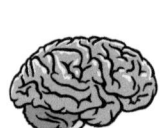

brain
mi

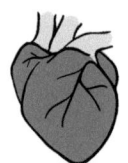

heart
yörək

muscle
ğəzlə

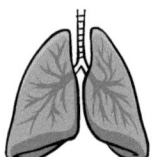

lung
üpkə

liver
bawır

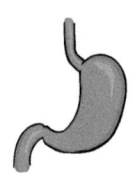

stomach
aşqazanı

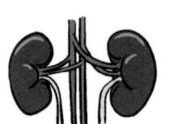

kidneys
böyerlər

sex
seks

condom
prezervativ

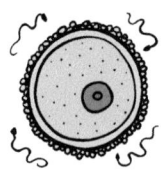

ovum
kükəy küzənək

semen
məni

pregnancy
kömən

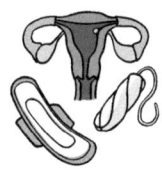  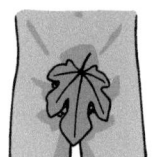

menstruation	vagina	penis
kürem	vagina	penis

  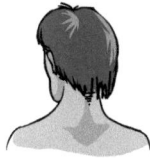

eyebrow	hair	neck
qaş	çəçlər	muyın

hospital
xastaxanə

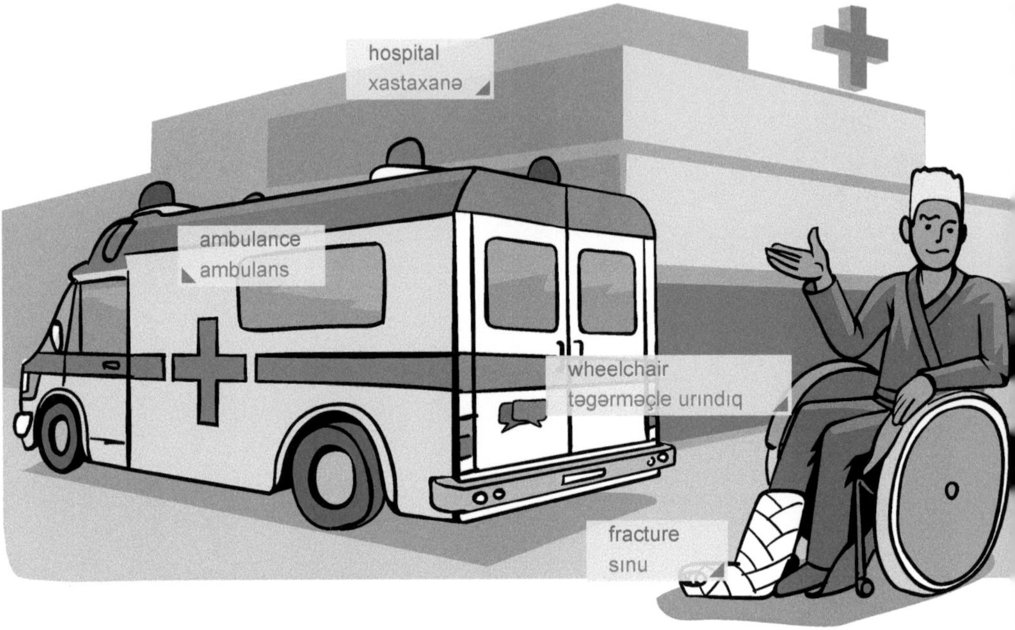

- hospital / xastaxanə
- ambulance / ambulans
- wheelchair / təgərməcle urındıq
- fracture / sınu

doctor

tabib

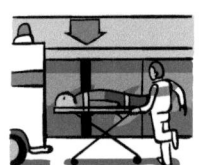

emergency room

aşığıç yərdəm bülməse

nurse

şəfqət tutaşı

emergency

kiçektergesez xəl

unconscious

añsız

pain

awırtu

injury
cərəxətlənü

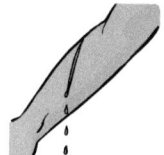
bleeding
qan ağu

heart attack
infarkt

stroke
insult

allergy
allergiyə

cough
yütəl

fever
qızu

flu
grip

diarrhea
eç kitü

headache
baş awırtu

cancer
yaman şeş

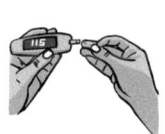
diabetes
diabet

surgeon
xirurg

scalpel
skalpel

operation
ğəməliyət

hospital - xastaxanə

 CT / ST	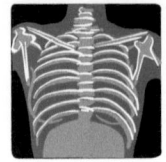 x-ray / röntgen	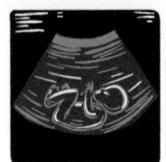 ultrasound / ultratawış
 face mask / bitlek	 disease / awıru	 waiting room / kötü bülməse
 crutch / qultıq tayağı	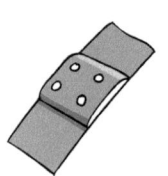 plaster / plaster	 bandage / bəyləweç
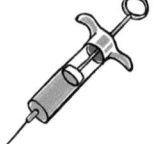 injection / qadaw	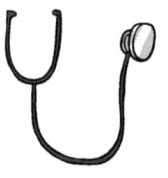 stethoscope / stetoskop	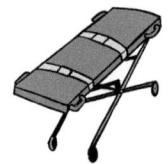 stretcher / sədiyə
 clinical thermometer / klinik termometr	 birth / tuu	 overweight / artıq awırlıq

hospital - xastaxanə

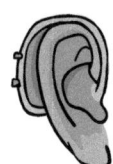
hearing aid
işetü cihazı

disinfectant
dezinfektant

infection
yoğış

virus
virus

HIV / AIDS
KİV / BİDS

medicine
daru

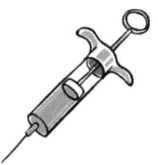
vaccination
vaksinalanu

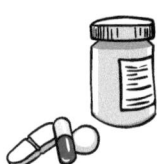
tablets
tabletlər

pill
kontraseptiv tablet

emergency call
aşığıç çaqıru

blood pressure monitor
qan basımı ülçəgeçe

ill / healthy
awıru / sələmət

hospital - xastaxanə

emergency
kiçektergesez xəl

Help! Qotqarığız!	 alarm xəwef tawışı	 assault höcüm
  attack höcüm	 danger qurqınıç	 emergency exit aşığıç çığu
Fire! Yanğın!	 fire extinguisher ut sündergeç	 accident qaza
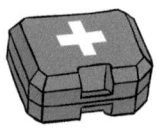 first-aid kit berençe yərdəm buqçası	 SOS SOS	 police polisə

earth
Cir

Europe
Awrupa

North America
Tönyaq Amerika

South America
Könyaq Amerika

Africa
Afrika

Asia
Asya

Australia
Awstralya

Atlantic
Atlantik okean

Pacific
Tın okean

Indian Ocean
Hind okeanı

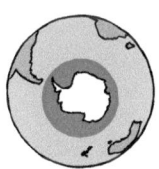
Antarctic Ocean
Antarktik okean

Arctic Ocean
Arktik okean

North pole
Tönyaq qotıp

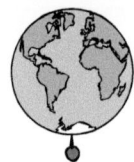
South pole
Könyaq qotıp

Antarctica
Antarktika

earth
Cir

land
qorı cir

sea
diñgez

island
utraw

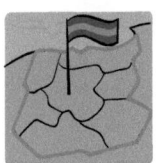
nation
millet

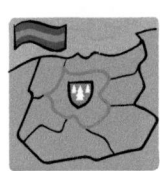
state
dəwlət

clock
səğət

clock face
səğət bite

hour hand
səğət uğı

minute hand
minut uğı

second hand
sekund uğı

What time is it?
Səğət niçə?

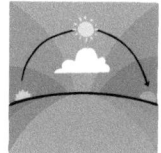

day
kön

time
waqıt

now
xəzer

digital watch
dijital səğət

minute
minut

hour
səğət

week
atna

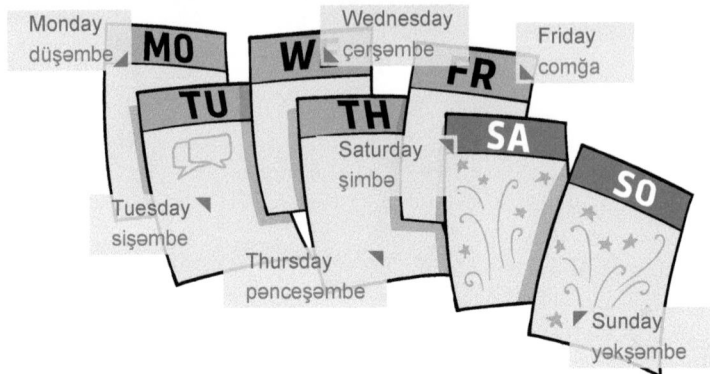

yesterday
kiçə

today
bügen

tomorrow
irtəgə

morning
irtə

noon
töş

evening
kiç

workdays
eş könnəre

weekend
yal könnəre

year
yıl

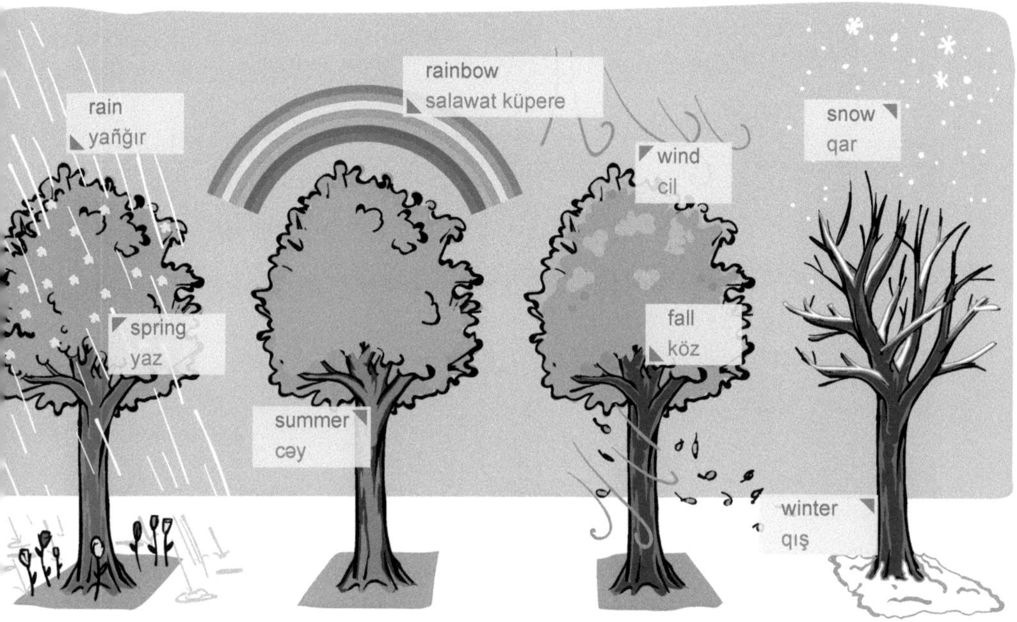

rain
yañğır
rainbow
salawat küpere
wind
cil
snow
qar
spring
yaz
fall
köz
summer
cəy
winter
qış

4.APRIL 11°
5.APRIL 4°
6.APRIL 13°
7.APRIL 8°
8.APRIL 10°

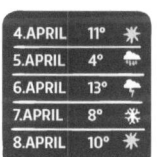

weather forecast

hawa torışı

F C
120 90 60 30 0 -30
40 30 20 10 0 -10 -20

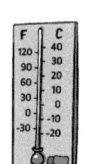

thermometer

termometr

sunshine

qoyaş yaqtısı

cloud

bolıt

fog

toman

humidity

dımlılıq

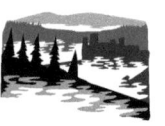

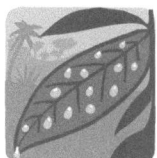

lightning	thunder	storm
yəşen	kük kükrəw	dawıl

 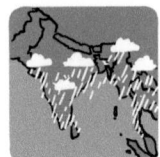 

hail	monsoon	flood
boz	musson	su basu

ice	January	February
boz	Qırlaç	Aqman

March	April	May
Buşay	Yañarış	Saban

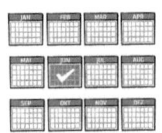 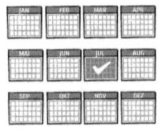 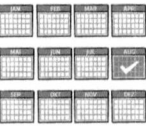

June	July	August
Çereşmə	Peçən	Uraq

year - yıl

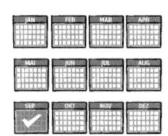
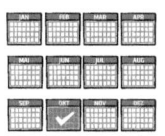
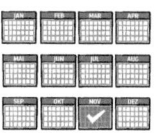

September
Indır

October
Bilek

November
Qaraköz

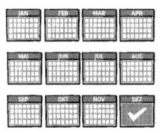

December
Kerəw

shapes
şəkellər

circle
tügerek

square
dürtkel

rectangle
turıpoçmaq

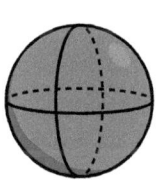
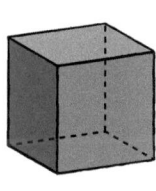

triangle
öçpoçmaq

sphere
körrə

cube
kub

colors
töslər

white
aq

yellow
sarı

orange
qızğılt sarı

pink
al

red
qızıl

purple
şəməxə

blue
zəñgər

green
yəşel

brown
körən

gray
sorı

black
qara

opposites
qapma-qarşılıqlar

a lot / a little
küp / az

angry / calm
usal / tınıç

beautiful / ugly
matur / yəmsez

beginning / end
baş / axır

big / small
zur / keçkenə

bright / dark
yaqtı / qarañğı

brother / sister
abıy, ene / apa, señel

clean / dirty
taza / pıçraq

complete / incomplete
təmam / təmamlanmağan

day / night
kön / tön

dead / alive
üle / tere

wide / narrow
kiñ / tar

edible / inedible
aşarğa yaraqlı / aşarğa yaraqsız

evil / kind
yaman / yaxşı

excited / bored
dulqınlanğan / yalıqqan

fat / thin
yuan / yabıq

first / last
berençe / soñğı

friend / enemy
dus / doşman

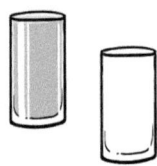

full / empty
tulı / buş

hard / soft
qatı / yomşaq

heavy / light
awır / ciñel

hunger / thirst
açlıq / susaw

ill / healthy
awıru / sələmət

illegal / legal
qanunsız / qanunlı

intelligent / stupid
aqıllı / aqılsız

left / right
sul / uñ

near / far
yaqın / yıraq

new / used
yaña / qullanılğan

nothing / something
hiçnərsə / nərsəder

old / young
ölkən / yəş

on / off
bızdırılğan / sünderelgən

open / closed
açıq / yabıq

quiet / loud
tawışsız / göreltele

rich / poor
bay / yarlı

right / wrong
döres / yalğış

rough / smooth
qıtırşı / şoma

sad / happy
küñelsez / küñelle

short / long
qısqa / ozın

slow / fast
aqrın / tiz

wet / dry
dımlı / qorı

warm / cool
cılı / salqın

war / peace
suğış / tınıçlıq

opposites - qapma-qarşılıqlar

numbers
sannar

0
zero
sıfır

1
one
ber

2
two
ike

3
three
öç

4
four
dürt

5
five
biş

6
six
altı

7
seven
cide

8
eight
sigez

9
nine
tuğız

10
ten
un

11
eleven
unber

12	**13**	**14**
twelve	thirteen	fourteen
unike	unöç	undürt
15	**16**	**17**
fifteen	sixteen	seventeen
unbiş	unaltı	uncide
18	**19**	**20**
eighteen	nineteen	twenty
unsigez	untuğız	yegerme
100	**1.000**	**1.000.000**
hundred	thousand	million
yöz	meñ	million

numbers - sannar

languages
tellər

English
inglizçə

American English
Amerika inglizçəse

Chinese Mandarin
Mandarin qıtayçası

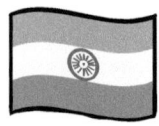
Hindi
hindi

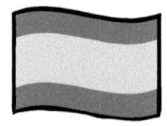
Spanish
İspança

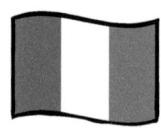
French
Fransızça

Arabic
Ğərəpçə

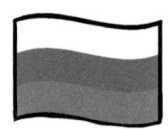
Russian
Rusça

Portuguese
Portugalça

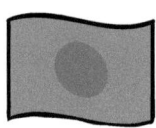
Bengali
Bengali

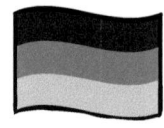
German
Almança

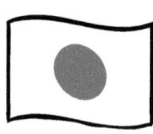
Japanese
Yaponça

who / what / how
kem / nərsə / niçek

I
min

you
sin

he / she / it
ul / ul / ul

we
bez

you
sez

they
alar

who?
kem?

what?
nərsə?

how?
niçek?

where?
qayda?

when?
qayçan?

name
isem

where
qayda

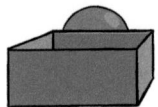
behind
artta

in
eçendə

in front of
aldında

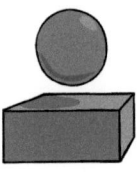
over
östendə

on
östendə

under
astında

beside
yanında

between
arasında

place
urın